Artistes | numéro 64

CAMILLE PISSARRO, LE PATRIARCHE DE L'IMPRESSIONNISME

— Des paysages ruraux aux scènes urbaines

par Thibaut Wauthion

50MINUTES

Avec la collaboration de Stéphanie Reynders

CAMILLE PISSARRO

- **Naissance ?** Né le 10 juillet 1830 à Saint-Thomas (Antilles danoises).
- **Mort ?** Décédé le 13 novembre 1903 à Paris.
- **Contexte ?** La seconde moitié du XIXe siècle et la naissance de l'art moderne avec l'impressionnisme.
- **Œuvres majeures ?**
  - *Entrée du village de Voisins* (1872)
  - *Autoportrait* (1873)
  - *La Récolte, Pontoise* (1880)
  - *La Récolte des pommes à Éragny* (1888)
  - *Le Boulevard Montmartre, printemps* (1897)
  - *L'Avant-Port du Havre, matin, marée montante* (1903)

Figure artistique majeure de la fin du XIXe siècle, Camille Pissarro est l'un des principaux instigateurs de l'impressionnisme, non seulement en raison de son style, mais aussi à cause de son dévouement à ce groupe d'artistes. Le courant impressionniste représente une rupture radicale par rapport aux normes de l'art officiel, largement mis à l'honneur lors du Salon de Paris. Le plus souvent mis à l'écart de cet événement, les impressionnistes montent leurs propres expositions et inaugurent ainsi l'art moderne. Leurs débuts sont difficiles, mais à partir des années 1890, ils connaissent la gloire, notamment par l'entremise du marchand Paul Durand-Ruel (1831-1922), à qui Camille Pissarro doit de nombreuses expositions, ainsi que la diffusion de ses œuvres à travers toute l'Europe et même jusqu'à New York.

Né en 1830 dans les Antilles, le peintre ne s'établit en France qu'à l'âge de 25 ans. Il y subit rapidement l'influence de Gustave Courbet (1819-1877), puis de Jean-Baptiste Camille Corot (1796-1875), adoptant dès lors la peinture en plein air. Son style évolue ensuite aux côtés d'Alfred Sisley (1839-1899), de Claude Monet (1840-1926) et d'Auguste Renoir (1841-1919). Camille Pissarro peint alors par petites touches et exploite un maximum le potentiel de la lumière. Son inspiration, il la puise dans la campagne environnant chacun des lieux où il réside – il déménage de nombreuses fois au cours de sa vie. Mais s'il privilégie les paysages ruraux pendant la majeure partie de sa carrière, à la fin de son existence, il délaisse ce genre pour représenter la ville en séries, notamment Paris, Dieppe, Rouen et Le Havre.

CONTEXTE

UN SIÈCLE DE PROFONDES MUTATIONS

En France, le XIXe siècle est une période de profondes transformations, et ce sur tous les plans. Les régimes politiques se succèdent les uns aux autres, de l'Empire (1804-1814) de Napoléon Bonaparte (1769-1821) à la restauration de la monarchie (1815-1848) par Louis XVIII (1755-1824) jusqu'à la proclamation de la Seconde République (1848-1851), qui s'efface à son tour devant le Second Empire (1852-1870), dirigé par Louis-Napoléon Bonaparte (1808-1873). En 1870, la guerre franco-prussienne et l'épisode révolutionnaire de la Commune marquent l'avènement de la Troisième République, qui perdurera jusqu'en 1940.

Mais le temps est également à la modernisation de la société, sous l'impulsion de la révolution industrielle, née en Angleterre, et la France se dote d'un nouveau visage. La production industrielle remplace la production artisanale et agraire, avec son lot de progrès techniques, mais aussi ses conséquences économiques et sociales. Les paysages urbains sont complètement modifiés, à l'instar de Paris, qui fait l'objet de grands travaux menés par le préfet Georges Eugène Haussmann (1809-1891) sous la houlette de Louis-Napoléon Bonaparte. Les rues étroites et sombres font place à de larges boulevards, les monuments sont habillés d'une dentelle de fer caractéristique de l'époque et les bas quartiers sont relégués à la périphérie de la ville.

À partir de la deuxième moitié du siècle, le monde artistique, jusque-là régi par l'Académie, une institution de l'État qui forme les artistes et décide du style à adopter, est lui aussi en pleine mutation. Le succès du romantisme et du néoclassicisme s'estompe petit à petit, laissant place à une génération d'artistes désireux d'aborder de nouveaux sujets avec de nouvelles techniques. Paris, qui est devenu un important pôle artistique, est en pleine ébullition.

LES DÉBUTS DE L'ART MODERNE

À cette époque, tout artiste désirant un jour être reconnu et vendre ses œuvres se doit d'être accepté au Salon, l'exposition officielle de l'Académie, généralement organisée tous les deux ans à Paris. Mais n'y sont présentées que les œuvres respectant les normes en vigueur, celles de l'art académique incarné par le néoclassicisme et le romantisme. On privilégie la composition par le dessin, l'idéalisation des modèles et les thèmes historiques, bibliques ou mythologiques. Chaque année, le jury du Salon refuse un nombre croissant d'artistes s'écartant de ces codes.

Dès les années 1850, Gustave Courbet choque les tenants de l'art officiel en peignant le milieu populaire dans une toile au réalisme saisissant, *Un enterrement à Ornans* (1850). Son anticonformisme discrédite alors l'académisme et influence toute une génération d'artistes, dont Édouard Manet (1832-1883). Une dizaine d'années plus tard, celui-ci crée à son tour le scandale avec *Le Déjeuner sur l'herbe* (1863), qui représente la société moderne de façon critique et avec un style privilégiant les aplats sans profondeur et les contrastes de couleur. Ses œuvres sont à l'avant-plan du Salon des refusés, qui voit le jour en 1863 à l'initiative de Napoléon III, suite au nombre record d'artistes exclus du Salon. Cette exposition, qui connaît rapidement davantage de succès que le Salon officiel, consacre la rupture entre académisme et modernité.

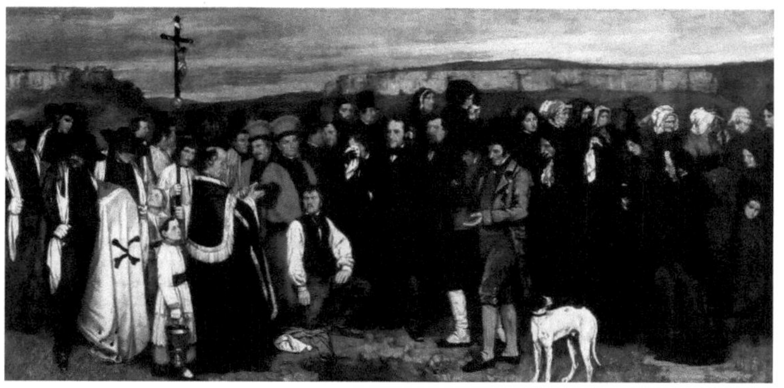

COURBET (Gustave), *Un enterrement à Ornans*, 1849-1850, huile sur toile, 315 x 668 cm, Paris, musée d'Orsay.

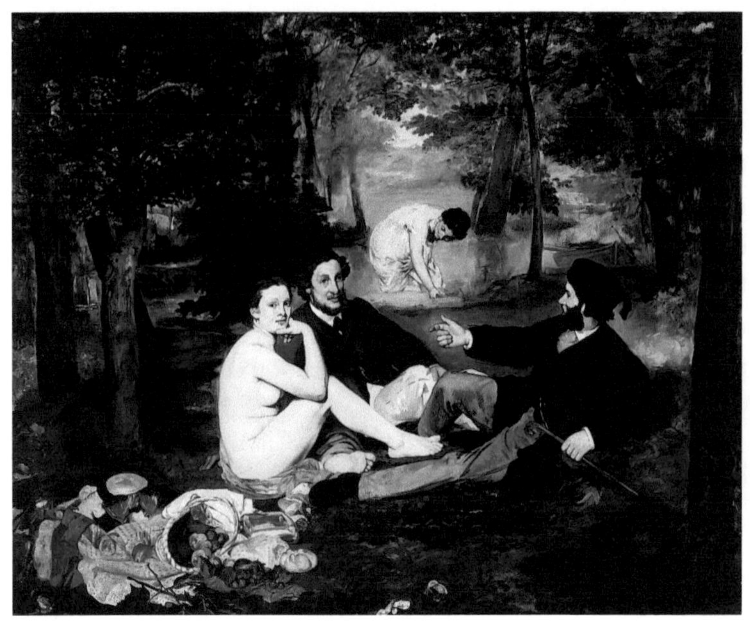

MANET (Édouard), *Le Déjeuner sur l'herbe*, 1863, huile sur toile, 207 x 265 cm, Paris, musée d'Orsay.

Dans le quartier des Batignolles, à Paris, plusieurs artistes se réunissent autour de Manet, considéré comme un précurseur. Parmi eux, Alfred Sisley, Claude Monet, Auguste Renoir, Frédéric Bazille (1841-1870), Berthe Morisot (1841-1895) et, de manière occasionnelle, Camille Pissarro et Edgar Degas (1834-1917). De 1869 à 1875, leurs réunions informelles sont l'occasion d'échanger leurs idées sur la peinture. Elles sont également à l'origine de l'impressionnisme.

L'IMPRESSIONNISME OU L'ART DE L'INSTANTANÉITÉ

Afin de proposer une alternative au Salon, le groupe des Batignolles crée le 17 janvier 1874 la Société anonyme coopérative des artistes-peintres, sculpteurs, graveurs et lithographes. Leur première exposition se tient le 15 avril suivant dans l'ancien atelier du photographe Nadar (1820-1910). Claude Monet y expose sa célèbre toile intitulée *Impression, Soleil levant* (1872), qui suscite une boutade du critique d'art Louis Leroy (1812-1885). Jugeant qu'il ne s'agit que d'une peinture floue mal exécutée, celui-ci titre son article « L'exposition des impressionnistes », donnant ainsi son nom au mouvement.

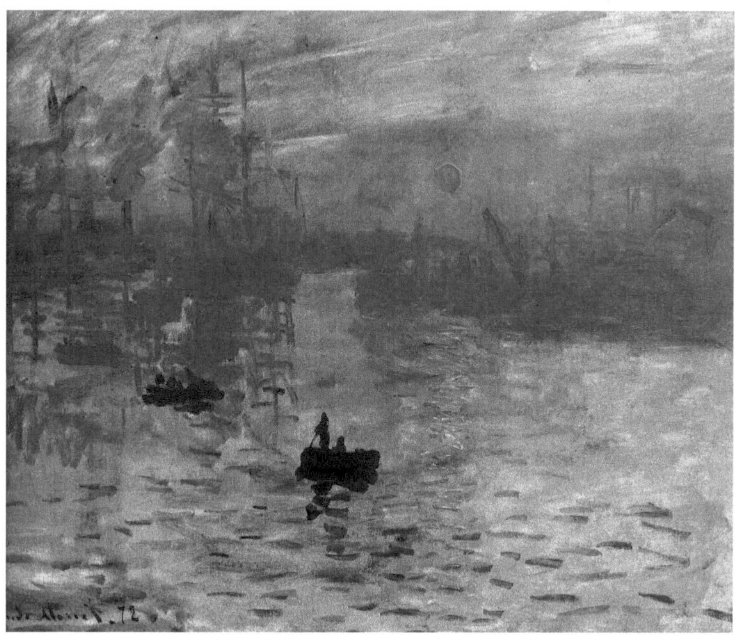

MONET (Claude), *Impression, Soleil levant*, 1872-1873, huile sur toile, 48 x 63 cm, Paris, musée Marmottan Monet.

L'organisation de cet événement est essentiellement due à Monet, Degas et Pissarro, qui ont compris que leur seule chance d'être reconnus est de faire du bruit, afin d'attirer la critique. Mais il s'agit d'un cuisant échec qui se répercute inévitablement sur Durand-Ruel, obligé de cesser ses acquisitions pendant plusieurs années. Seuls Émile Zola (1840-1902) et quelques autres critiques soutiennent les impressionnistes. Sept autres expositions voient ensuite le jour, jusqu'en 1886, et Camille Pissarro participe à chacune d'elles. Les dernières connaissent un important succès, tout particulièrement aux États-Unis. Toutefois, des divergences apparaissent au sein du groupe dès la quatrième exposition, en 1879 : Auguste Renoir, Alfred Sisley et Berthe Morisot préfèrent tenter à nouveau leur chance au Salon, tandis que Monet ne reste que pour pas passer pour un déserteur.

De manière générale, l'impressionnisme réagit à l'art académique en exploitant les inventions du XIXe siècle. Les artistes du groupe abandonnent tout d'abord le dessin au profit de la couleur : ils ne peignent plus d'après les formes, mais d'après les tons qu'ils ont devant les yeux. Car grâce à l'invention et à la commercialisation, à partir de 1859, des tubes de couleurs, ils peuvent sortir de leurs ateliers et peindre en plein air, sur le motif, essentiellement des paysages, leur sujet de prédilection. Leurs toiles font désormais la part belle à l'instantanéité, s'inspirant en cela de la photographie, inventée par Nicéphore Niépce (1765-1833) en 1826. Mais puisque celle-ci se réserve désormais l'apanage de la représentation objective de la réalité, les impressionnistes délaissent la fidélité au réel afin de se concentrer sur la couleur et le mouvement. Mais pas seulement : la lumière fait elle aussi l'objet d'une étude minutieuse, et les artistes du groupe cherchent à rendre ses multiples reflets grâce à de petites touches rapides. Certains, dont Monet, peignent inlassablement le même sujet selon la position du soleil, afin de saisir les variations de lumière.

<u>**LA PEINTURE EN PLEIN AIR**</u>

Les impressionnistes ne sont pas les premiers à sortir de leurs ateliers. Vers le milieu du XIXᵉ siècle, un groupe de peintres paysagistes connu sous le nom de l'école de Barbizon se réunit aux alentours du village du même nom pour travailler en plein air. S'inspirant de l'artiste britannique John Constable (1776-1837), ils prônent la représentation de la nature. Ce groupe rassemble notamment Camille Corot, Jean-François Millet (1814-1875), Théodore Rousseau (1812-1867) et Charles-François Daubigny (1817-1878).

DES ANTILLES À PARIS

Camille Pissarro naît le 10 juillet 1830 dans les Antilles, plus précisément sur l'île de Saint-Thomas, alors en territoire danois, sous le nom de Jacob Pizarro, fils de Rachel Pomié et d'Abraham Pizarro, un juif d'origine portugaise qui tient un commerce de quincaillerie. Citoyen danois de naissance, il gardera cette nationalité toute sa vie.

À 12 ans, Camille Pissarro est envoyé à Paris pour parfaire son éducation. Déjà à cette époque, le directeur de la pension où il réside l'encourage à entretenir sa passion pour le dessin. Après cinq années passées dans la capitale française, il retourne auprès de sa famille et travaille, à contrecœur, dans le commerce de son père.

En 1850, le jeune artiste rencontre un peintre danois, Fritz Melbye (1826-1869), qui parcourt le monde pour croquer des paysages exotiques. Celui-ci convainc Pissarro de l'accompagner au Venezuela, et le peintre quitte alors son emploi pour plonger dans l'inconnu. Jusqu'en 1854, il sillonne le pays, accompagné de son carnet de dessins dans lequel il croque énormément de portraits, ainsi que des paysages et des marchés. Après ce périple, Camille Pissarro s'installe en France, à Passy, dans un appartement appartenant à sa famille paternelle. Il a l'occasion de visiter l'Exposition universelle de 1855, et de découvrir, entre autres, les œuvres de Camille Corot et de Gustave Courbet.

LES PREMIERS PAS AU SALON

De 1855 à 1866, grâce à une pension versée par son père, le peintre loue différents ateliers à Montmartre. Il fréquente également quelques cours privés, ainsi qu'une académie de peinture où il rencontre notamment Édouard Manet. Alors que les deux amis peignent d'après modèle, Corot leur conseille de sortir de leur atelier et de peindre en plein air.

En 1859, son *Paysage à Montmorency* (1859) est accepté au Salon. Ses parents espèrent que ce début de reconnaissance lui permettra de gagner sa vie, mais ils devront lui verser une pension jusqu'à ses 40 ans passés. L'année suivante, Camille Pissarro rencontre celle qui deviendra sa femme, Julie Velloy (1838-1926), la domestique de la famille Pissarro, avec qui il aura huit enfants, dont trois décéderont prématurément. C'est à la même époque qu'il fait la connaissance de Frédéric Bazille, d'Auguste Renoir et d'Alfred Sisley.

Durant les années 1860, Camille Pissarro tente chaque année de participer au Salon et est accepté de nombreuses fois jusqu'en 1870. Toutefois, ses œuvres ne suscitent que de rares critiques positives, lorsqu'il en reçoit. En parallèle, le jeune peintre cherche désespérément des marchands d'art susceptibles d'acheter ses œuvres, qu'il vend alors 40 francs, une somme dérisoire.

L'AVENTURE IMPRESSIONNISTE

Dès 1866, Pissarro fréquente le groupe des Batignolles, puis, à partir de 1869, il loue une maison à Louveciennes, non loin de chez Claude Monet, Alfred Sisley et Auguste Renoir, aux côtés desquels il représente les paysages alentour (*La Diligence à Louveciennes*, 1870 ; *Route à Louveciennes*, 1872, etc.) et qu'il considère comme ses « compagnons de misère » (DURAND-RUEL SNOLLAERTS (Claire), *Pissarro. Patriarche des impressionnistes*, Paris, Gallimard, 2012, p. 24). Les quatre artistes

connaissent en effet des temps durs : « Depuis huit jours pas de pain
[...], pas de feu pour la cuisine, pas de lumière », écrit Monet à Bazille
(*Ibid.*). Cette période est déterminante pour l'évolution stylistique de
Camille Pissarro.

Pendant la guerre franco-prussienne de 1870, le peintre fuit à Londres
où il rencontre celui qui deviendra son principal marchand et le
galeriste le plus important des impressionnistes, Paul Durand-Ruel.
En 1872, les achats de ce dernier lui permettent d'atteindre enfin
l'autonomie financière : Pissarro lui vend 22 tableaux pour la somme
de 5 600 francs. Il gagne peu à peu en notoriété et les commandes
commencent à affluer. C'est à cette époque qu'il s'installe à Pontoise,
où il connaîtra une période très féconde (*L'Entrée du village de Voisins*,
1872 ; *La Moisson à Montfoucault*, 1876 ; *La Récolte, Pontoise*, 1880,
etc.). Il y fréquente par ailleurs Paul Cézanne (1839-1906), Armand
Guillaumin (1841-1927) et Paul Gauguin (1848-1903).

Suite à l'échec de la première exposition des impressionnistes,
organisée en 1874, les années suivantes sont à nouveau plus dures.
Camille Pissarro, qui évite de justesse la saisie de ses biens, cherche
désespérément des acheteurs, allant même jusqu'à proposer une de
ses œuvres dans une tombola organisée par un pâtissier. Comble
de l'affaire : la gagnante du gros lot échange le tableau contre un
saint-honoré ! Si Paul Durand-Ruel achète à nouveau plusieurs toiles
à Camille Pissarro au début des années 1880, le peintre est tout de
même contraint de quitter Pontoise en 1882. Il se rend alors à Osny,
où il loue une maison plus modeste.

UN SUCCÈS TARDIF

En 1884, l'organisation de sa première exposition personnelle
par Durand-Ruel lui permet d'acquérir une spacieuse propriété à
Éragny, juste à côté de Giverny, où réside Monet. Pissarro rencontre

par ailleurs Georges Seurat (1859-1891) et Paul Signac (1863-1935), et se tourne alors pour un temps vers le pointillisme, un mouvement qui prolonge et renouvelle l'impressionnisme. Toutefois, l'évolution de son style amène Durand-Ruel à s'écarter de lui. Criblé de dettes, l'artiste se sépare alors de sa collection d'art, acquise difficilement au fil des années, mais reçoit peu de temps après le soutien du marchand Théo Van Gogh (1857-1891), le frère de Vincent Van Gogh (1853-1890). En 1888, cinq ans après la première exposition du peintre, Théo Van Gogh monte un nouvel événement qui reçoit de bonnes critiques et permet la vente de cinq tableaux.

En 1892, après la mort de son protecteur, plusieurs galeristes le courtisent, mais il décide de renouer avec Durand-Ruel qui organise une importante rétrospective rassemblant près de 100 de ses peintures. Les critiques sont élogieuses et les ventes excellentes. À partir de ce moment, le marchand d'art ne cesse de lui acheter des tableaux et de lui consacrer des expositions à Paris et à New York. Les toiles de Pissarro se retrouvent également dans toutes les grandes manifestations à travers l'Europe.

Bien que sa santé décline peu à peu, l'artiste continue à peindre. Il compose, dans les années 1890, différentes séries représentant chacune un motif spécifique, le plus souvent urbain (*Le Grand Pont, Rouen*, 1896 ; *Le Boulevard Montmartre, printemps*, 1897 ; *L'Avant-Port du Havre, matin, marée montante*, 1903, etc.), à l'occasion de voyages dans différentes villes françaises et belges. Ces tableaux lui valent un grand succès dont Pissarro ne profite malheureusement guère : il tombe subitement malade en octobre 1903 et meurt à Paris le 13 novembre de la même année.

LA NOUVELLE IMPORTANCE DES MARCHANDS D'ART

À partir de la Révolution, le rôle des marchands d'art devient primordial pour les artistes français qui répondaient jusque-là à des commandes. C'est désormais grâce à eux que les peintres et les sculpteurs trouvent une source de revenus réguliers. Parmi les marchands de la deuxième moitié du XIXe siècle, Paul Durand-Ruel se démarque par ses nombreux achats qui l'amènent même à s'endetter. Il s'occupe également de la promotion de ses artistes en organisant des expositions individuelles à l'échelle internationale, en exploitant au maximum la presse et en donnant un accès gratuit à sa collection.

CARACTÉRISTIQUES

DES DÉBUTS ANTILLAIS À L'IMPRESSIONNISME

Les premiers pas artistiques de Camille Pissarro se font dans les Antilles et au Venezuela. On en conserve de nombreuses études au crayon et une vingtaine de peintures à l'huile. Dès cette période, l'artiste s'intéresse à la population locale, en particulier aux paysans, qu'il représente au milieu de magnifiques paysages exotiques.

À son arrivée à Paris, en 1855, il imite d'abord le style de Gustave Courbet en peignant avec des touches épaisses. Mais il subit également très vite l'influence de Camille Corot qui l'amène à peindre ses paysages sur le motif, en plein air. Aussi ses touches de peinture se font-elles progressivement plus précises et la composition de ses toiles évolue-t-elle vers davantage d'équilibre. Pissarro peint la campagne française partout où il vit : Louveciennes, Pontoise, Osny et Éragny.

Au contact du groupe des Batignolles et une fois à Louveciennes, il adopte la technique impressionniste, c'est-à-dire la fragmentation de la touche en petites taches de couleurs superposées, même si certains de ses motifs sont encore peints avec de larges empâtements. L'artiste cherche également à reproduire sur ses toiles les effets de lumière et les variations de couleurs selon les saisons ou les moments de la journée.

À Pontoise, Pissarro part en quête de paysages animés par le mouvement de l'eau. Ses sujets favoris sont les cours d'eau de l'Oise et de la Seine. Il tend à représenter les vibrations aquatiques à l'aide de petites taches de couleur tout en y ajoutant les reflets des arbres et de la lumière. Mais il peint également des motifs profondément ruraux : des champs, des paysans, des allées bordées d'arbres, des troupeaux de moutons accompagnés de leur berger, quelques riches demeures de campagnes, etc.

FIGURES HUMAINES ET PETITS POINTS

Au début des années 1880, l'artiste délaisse les paysages pour les portraits. Dorénavant, la figure humaine, qui était déjà souvent présente, en détail, dans ses précédentes toiles, devient le sujet principal de ses compositions. Mais il ne s'agit pas là du seul changement dans sa production : au même moment, Pissarro s'engouffre dans la voie ouverte par les artistes néo-impressionnistes Georges Seurat et Paul Signac, à l'origine du pointillisme.

Ce courant, également appelé divisionnisme, s'inspire directement de l'impressionnisme, à la fois en ce qui concerne les thèmes et les techniques. Il se base également sur une division systématique de la couleur en petits points. Séparés sur le papier, ces derniers se mêlent à travers l'œil humain : il s'agit du principe du mélange optique. Utilisé par les impressionnistes de manière assez intuitive, ce principe est poussé à son paroxysme par les artistes pointillistes, qui décomposent la touche en deux couleurs complémentaires au contraste fort et peignent des points de plus en plus petits.

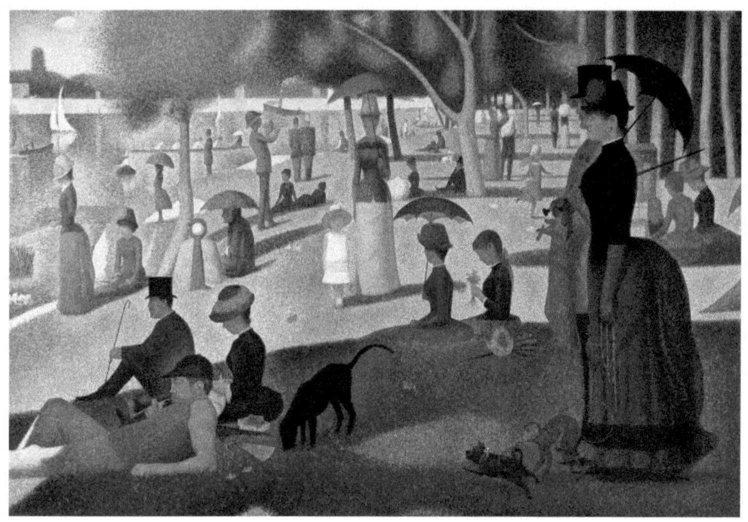

SEURAT (Georges), *Un dimanche après-midi à l'île de la Grande Jatte*, 1884-1885, huile sur toile, 205 x 305 cm, Chicago, Art Institute.

Il en résulte une intense vibration lumineuse qui plaît énormément à Camille Pissarro qui cherche justement, à cette époque, une nouvelle façon d'aborder la peinture. Mais plutôt que de développer un véritable style pointilliste, celui-ci peint à l'aide de touches en virgules croisées qu'il sépare pour donner un effet pointilliste. Si le peintre abandonne ensuite ses expérimentations artistiques, il continuera toutefois à utiliser ses touches en virgules croisées, mais dans un style purement impressionniste.

LES PAYSAGES URBAINS

C'est en 1883, dans *Boulevard Rochechouart*, que Pissarro aborde pour la première fois le thème urbain en représentant une avenue parisienne en pleine effervescence, avec ses nombreux passants, ses voitures à cheval et ses échoppes. Il faut toutefois attendre une dizaine d'années pour voir apparaître cette thématique de façon récurrente dans son œuvre. En 1893, l'artiste représente Paris depuis une fenêtre, car il n'est plus capable de peindre en plein air à cause d'un abcès à l'œil. Il systématise ensuite cette méthode, louant des appartements en fonction de la vue qu'ils offrent vers l'extérieur, à Paris, mais aussi à Rouen, à Dieppe et au Havre. Tous ses paysages urbains, peints dans de grands formats, présentent ainsi une vue en plongée vers les rues.

Pissarro s'attache essentiellement à représenter le tumulte citadin ou portuaire : il peint la foule, les marchés, les ouvriers au travail, les navires en partance, etc. Le thème de la ville lui permet d'aborder des sujets généralement très complexes. Ses vastes panoramas urbains contrastent ainsi avec les vues de Monet, qui représentent la ville sans vie humaine.

Pissarro crée plusieurs séries qui comprennent chacune jusqu'à 60 toiles d'un même site (Pont-Neuf, hôtel de la Monnaie, Seine, Tuileries, Louvre, etc.). Chaque œuvre représente un point de vue et un moment particuliers, le peintre cherchant à transcrire sur ses toiles les variations lumineuses et climatiques observées. Par conséquent, le mouvement est au centre de ses tableaux. À Rouen, où il effectue trois séjours entre 1896 et 1898, il évite toujours de représenter, dans la cinquantaine de toiles qu'il réalise, l'avant de la cathédrale, motif ô combien prisé par son ami Monet. En 1903, juste avant sa mort, il peint une dernière série au Havre.

ENTRÉE DU VILLAGE DE VOISINS

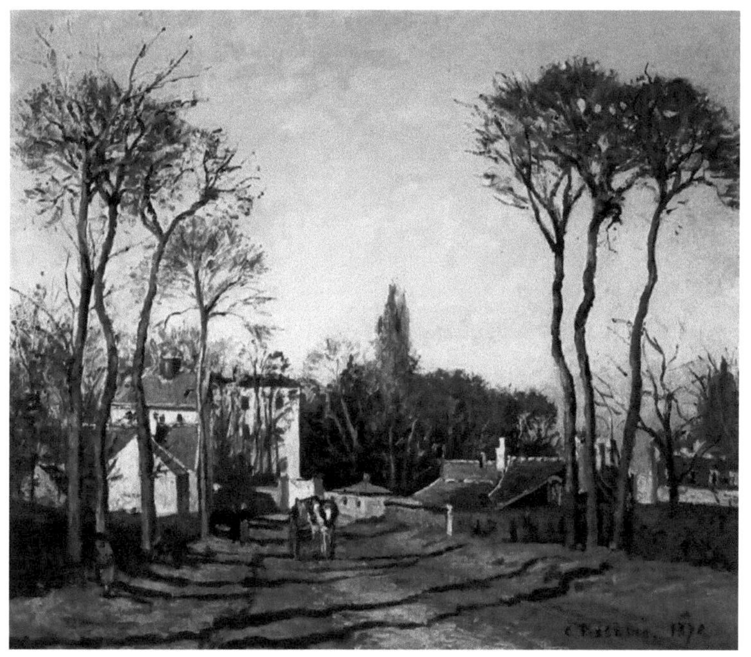

Entrée du village de Voisins, 1872, huile sur toile, 46 x 55,5 cm, Paris, musée d'Orsay.

Cette toile représente le village de Voisins, situé dans la commune de Louveciennes. Camille Pissarro représente l'entrée du hameau, fréquentée par des marcheurs et une voiture tirée par un cheval. Les arbres sur les côtés du sentier structurent la composition et accentuent la perspective. Les ombres de leurs troncs coupent le tableau avec des obliques et rompent ainsi tout effet de symétrie. Au loin se trouvent les maisons du village ; la route à l'avant-plan du tableau mène au château de Voisins.

Cette œuvre réalisée en 1872 est caractéristique de la production de Pissarro durant son séjour à Louveciennes. Ce dernier utilise à la fois des petites touches de peinture typiquement impressionnistes, pour les feuillages des arbres, notamment, et de plus larges empâtements, par exemple pour les maisons. Par ailleurs, la lumière, très vive, tient un rôle important, puisque le jeu entre les zones lumineuses et les zones d'ombre permet de rythmer le paysage.

Ce type de sujet, très rural, occupera une place prédominante dans l'œuvre de l'artiste jusqu'à la fin des années 1880. Tout au long de cette période, Pissarro représente les paysages et les villages qui l'entourent en y insérant des figures humaines, contrairement à certains de ses condisciples qui se focalisent exclusivement sur le décor. Les personnages, représentés non pas en train de poser mais vaquant à leurs occupations, lui permettent de donner plus de mouvement à ses compositions et leur ajoutent un côté instantané, comme si la scène avait été prise sur le vif à l'instar d'une photographie.

LA RÉCOLTE, PONTOISE

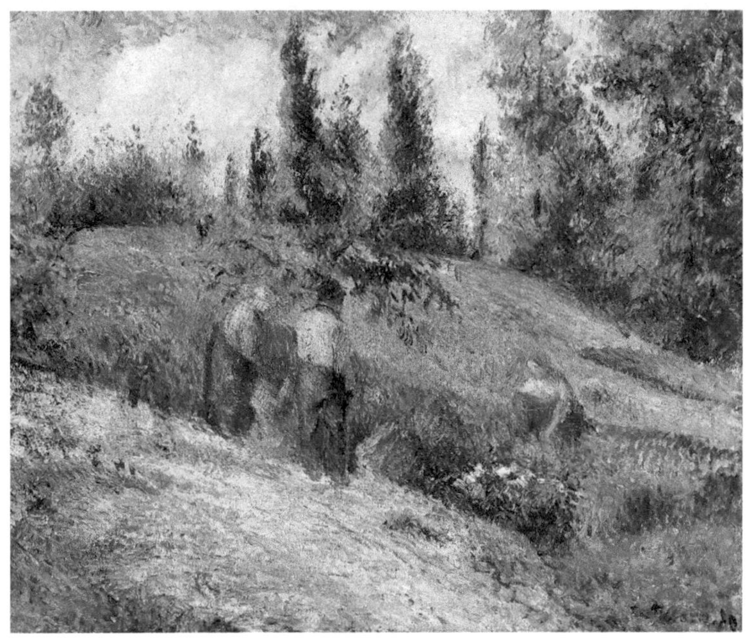

La Récolte, Pontoise, 1880, huile sur toile, 46,3 cm x 56,5 cm, collection privée.

Cette scène, profondément rurale elle aussi, montre particulièrement bien l'évolution du style de Camille Pissarro durant les années 1870. Désormais, l'artiste délaisse complètement les larges empâtements au profit des petites touches de peinture caractéristiques de l'impressionnisme. En effet, si l'on y regarde de plus près, on constate que tous les détails de la peinture sont réduits à de petites taches de couleur. De plus, celles-ci sont en forme d'arc : il s'agit des virgules croisées typiques de Pissarro. S'essayant déjà à diverses expérimentations artistiques qui annoncent sa période pointilliste, l'artiste ne sépare cependant pas encore ses touches de peinture comme il le fera quelques années plus tard.

Les couleurs – vertes, rouges et bleues – reflètent également un style profondément impressionniste, de même que le mouvement qui se dégage de la toile. On devine aisément le vent se prenant dans les feuilles des arbres. Les tons rouges rendent quant à eux la chaleur de la journée d'été qui est représentée.

LA RÉCOLTE DES POMMES À ÉRAGNY

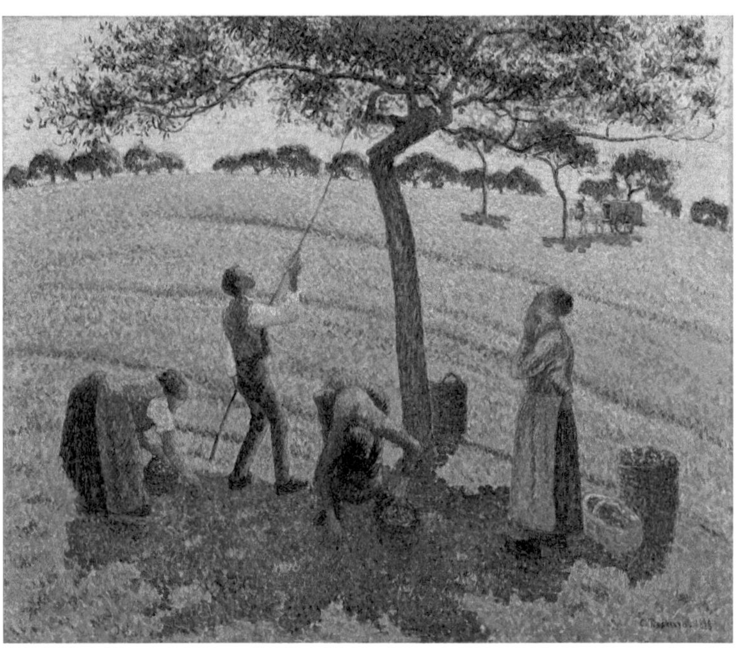

La Récolte des pommes à Éragny, 1888, huile sur toile, 60,9 x 73,9 cm, Dallas, Dallas Museum of Art.

Cette œuvre de 1888, qui représente un thème abordé plusieurs fois par l'artiste, est peinte en pleine période pointilliste de Camille Pissarro. Ses petites touches en virgules croisées sont clairement séparées les unes des autres afin de créer un paysage vibrant sous la chaleur d'un après-midi ensoleillé. Les coups de pinceau sont extrêmement fins, au point que les pommes dans l'arbre se confondent avec les feuilles.

Cette toile a fait l'objet de plusieurs dessins préparatoires et esquisses à l'huile qui ne représentent cependant pas les figures humaines. Dans ces ébauches, Camille Pissarro s'est astreint à appliquer les pigments les uns à côté des autres afin de tester les différents effets optiques possibles.

En plus de l'atmosphère chaude et lumineuse saisie par le peintre, celui-ci rend également particulièrement bien le mouvement, grâce aux personnages s'attelant à la cueillette des pommes. Bien que la femme au centre, baissée vers son panier, semble plutôt raide – témoignant en cela de l'influence de Seurat et de Signac –, le fait que chaque figure soit dans une position particulière apporte un certain dynamisme à l'ensemble de la composition.

LE BOULEVARD MONTMARTRE, PRINTEMPS

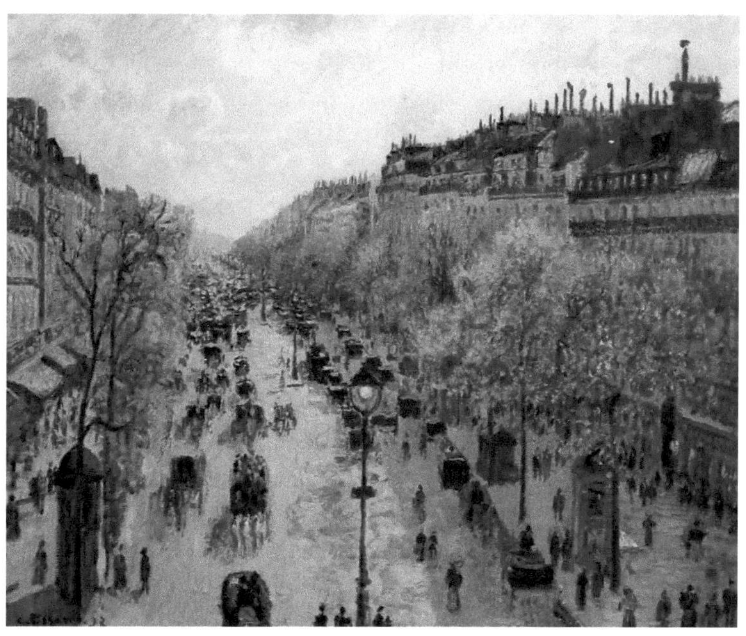

Le Boulevard Montmartre, printemps, 1897, huile sur toile, 65 x 81 cm, Jérusalem, musée d'Israël.

Cette œuvre qui montre toute l'effervescence de Paris à la fin du XIXe siècle traite du sujet extrêmement moderne des mutations citadines. Les grands travaux menés par le baron Haussmann pendant les décennies précédentes ont creusé de vastes boulevards empruntés par de nombreuses voitures à cheval et par des foules toujours plus importantes. De part et d'autre de la rue se trouvent de grandes maisons typiques de cette époque. À l'instar des autres paysages urbains du peintre, *Le Boulevard Montmartre, printemps* met particulièrement en avant le tumulte et l'agitation de la ville.

Le point de vue adopté par l'artiste trahit sa position en hauteur, sans aucun doute derrière la fenêtre d'un appartement spécialement loué pour l'occasion. Pissarro a abandonné ses virgules croisées au profit de simples petites taches. Malgré sa vue défaillante, il nous livre ici une composition extrêmement complexe montrant le va-et-vient des foules et des voitures à travers la ville, et faisant ainsi la part belle au mouvement. De plus, aucun détail ne lui échappe : chaque personne, chaque fenêtre d'immeuble, chaque cheminée est représentée. Ce tumulte finit par se perdre au loin, à l'horizon du boulevard.

L'AVANT-PORT DU HAVRE, MATIN, MARÉE MONTANTE

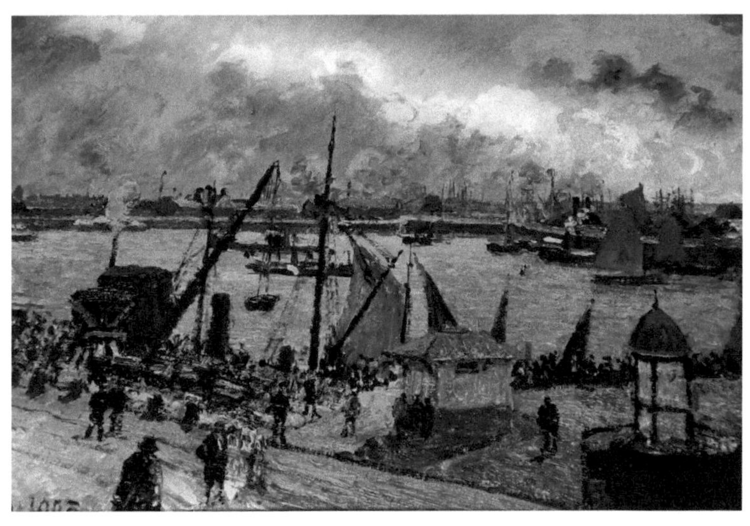

L'Avant-Port du Havre, matin, marée montante, 1903, huile sur toile, 54 x 65 cm, Le Havre, MuMa.

Ce tableau fait partie de la dernière série de toiles réalisées par Camille Pissarro, l'année de son décès. Le peintre représente le port du Havre, là où il a débarqué en arrivant des Antilles un demi-siècle plus tôt. Le paysage a toutefois bien évolué, et c'est un port en pleine modernisation que Pissarro nous donne à voir : on y observe de moins en moins de bateaux à voile et de plus en plus de cheminées qui crachent leur fumée, témoignant ainsi de la forte industrialisation.

Comme à son habitude, Pissarro choisit un endroit en hauteur pour croquer, presque sur le vif, l'agitation portuaire. Les quais grouillent d'ouvriers et autres badauds formant des foules éparses. Plus loin, de nombreux bateaux flottent sur une eau elle aussi vibrante, qui reflète à merveille le soleil caché derrière d'épais nuages. Les voiles des navires se résument quant à elles à deux ou trois coups de pinceau rapidement appliqués sur la toile. Encore plus loin, on devine aisément les fumées émergeant des hautes cheminées d'usines. Plus près, au centre du tableau, une grue s'active à déplacer des marchandises.

Ce sujet moderne est, ici encore, représenté à l'aide de petites touches de couleur. Même si l'impressionnisme est sur sa fin, cette technique reste encore originale aux yeux de nombreux contemporains de l'artiste. Certaines touches de couleur sont grossièrement appliquées, et on devine alors les poils du pinceau, par exemple sur les voiles des bateaux. Par ailleurs, en coupant plusieurs éléments par le cadrage, Pissarro adopte un point de vue photographique, s'inspirant sans doute d'Edgar Degas. Ce dernier, également photographe, emploie alors cette méthode depuis plusieurs années.

CAMILLE PISSARRO, UNE SOURCE D'INSPIRATION

« Ce fut un père pour moi. C'était un homme à consulter et quelque chose comme le bon Dieu. » (Durand-Ruel Snollaerts (Claire), *op. cit.*, p. 34.) Ces paroles de Paul Cézanne à propos de Camille Pissarro résument bien la place de ce dernier dans le monde artistique de l'époque. Aîné des impressionnistes, Pissarro est une figure incontournable pour tout le groupe qui écoute volontiers ses conseils.

Remarquant les talents et le potentiel de Cézanne, Pissarro l'initie à la peinture en plein air, et lui recommande certaines techniques et certains sujets. En 1874, il impose la présence de son protégé à la première exposition des impressionnistes, une initiative qui propulse la carrière de Cézanne. C'est également à cette époque que Pissarro rencontre Paul Gauguin, alors agent de change, qui achète certaines de ses toiles. Le peintre décèle rapidement le talent artistique du jeune acquéreur et Gauguin, tout comme Cézanne, s'installe à Pontoise aux côtés de celui qui sera son professeur pendant près de 10 ans. L'éducation artistique que Pissarro leur dispense permet l'émergence de deux figures majeures de l'histoire de l'art, Cézanne en tant que peintre impressionniste, Gauguin en tant qu'artiste post-impressionniste. Vers 1884, ce dernier suit d'ailleurs son maître à Rouen, où il réalise plusieurs dizaines de tableaux, dont *Rue Jouvenet à Rouen* (1884).

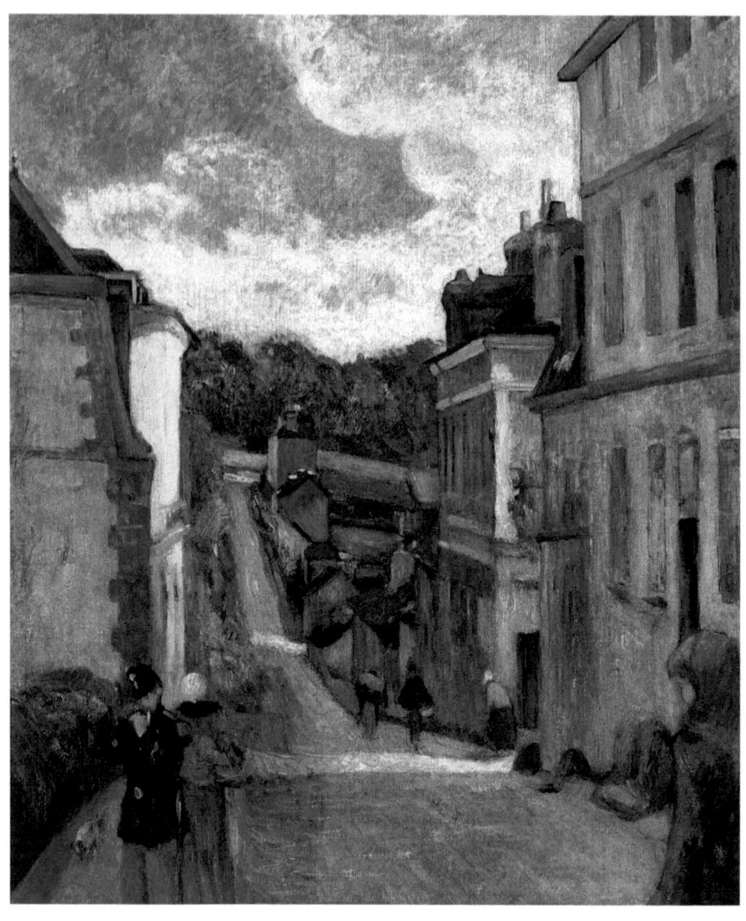

GAUGUIN (Paul), *Rue Jouvenet à Rouen*, 1884, huile sur toile, 55 x 48,5 cm, collection privée.

Cette toile témoigne incontestablement de l'influence de Pissarro, à la fois à travers son style – la manière de traiter les couleurs en petites touches – et à travers son thème – une scène montrant la rue et, surtout, des personnages dans leur occupation quotidienne. Aussi la technique impressionniste sera-t-elle à la base de toute la production de Gauguin.

Pissarro est également l'aîné d'une véritable dynastie d'artistes : à sa suite, plusieurs de ses fils et, ensuite, de ses petits-enfants et arrières petits-enfants se lancent dans une carrière artistique. Citons notamment Lucien Pissarro (1863-1944), Georges Manzana-Pissarro (1871-1961), Paul-Émile Pissarro (1884-1972) et Frédéric Bonin-Pissarro (né en 1964). La plupart d'entre eux suivent les pas de leur aïeul en s'inscrivant dans la continuité de l'impressionnisme ou du néo-impressionnisme.

Enfin, ajoutons encore que Camille Pissarro, en tant que principal instigateur et participant des expositions impressionnistes, laisse une empreinte indélébile sur l'histoire de l'art. Grâce à son opiniâ-treté – mais aussi à celle de ses compagnons –, il crée une véritable alternative au Salon et propulse un courant artistique d'avant-garde au centre du marché de l'art. Au même titre que les autres impressionnistes, il influence toute une série de jeunes artistes qui entameront par la suite une profonde réflexion sur le renouvellement dans l'art qui débouchera sur les grands mouvements du début du XXᵉ siècle (postimpressionnisme, fauvisme, cubisme, etc.).

- Né en 1830 dans les Antilles, Camille Pissarro porte la double nationalité française et danoise. En 1855, le jeune artiste s'installe en France, où il subit d'abord l'influence de Courbet et de Corot. Il participe plusieurs fois au Salon, dans le courant des années 1860.

- Dès 1866, il fréquente le groupe des Batignolles (Manet, Sisley, Renoir, Monet, etc.) et adopte la technique impressionniste, peignant en plein air et fragmentant sa touche en petites taches de couleurs superposées. Il évolue brièvement vers le pointillisme dans les années 1880, séparant clairement ses points de couleur les uns des autres.

- Camille Pissarro est contraint de déménager à plusieurs reprises à cause de difficultés financières. Ses toiles représentent les paysages environnant ses différents lieux de résidence : Pontoise, Louveciennes, Osny et, enfin, Éragny. Mais, pendant les 10 dernières années de sa vie, il peint également des paysages urbains depuis une fenêtre d'appartement, à Paris, à Rouen, à Dieppe et au Havre.

- En 1874, Camille Pissarro organise, avec d'autres, la première exposition impressionniste, créant ainsi une alternative au Salon. Malgré l'échec de cet événement, sept autres expositions voient le jour, jusqu'en 1886. Pissarro participe à chacune d'entre elles.

- S'il obtient des rentrées financières dès 1872, grâce au marchand d'art Paul Durand-Ruel, qui lui achète des œuvres, sa situation reste cependant instable jusque dans les années 1880. Ce n'est qu'à ce moment-là qu'il connaît véritablement le succès. En 1892, Durand-Ruel lui consacre une importante rétrospective. À partir de cette date, ses toiles se retrouvent dans toute l'Europe, et des expositions lui sont consacrées à Paris et à New York.

POUR ALLER PLUS LOIN

SOURCES BIBLIOGRAPHIQUES

- ALLARD (Sébastien), *L'Art français. Le XIXe siècle*, Paris, Flammarion, 2009.
- COLLECTIF, *Pissarro dans les ports : Rouen, Dieppe, Le Havre*, Paris, RMN, 2013.
- DURAND-RUEL SNOLLAERTS (Claire), *Pissarro. Patriarche des impressionnistes*, Paris, Gallimard, 2012.
- FONTEIN DREW (Landais), *Camille Pissarro. 1830-1903*, catalogue d'exposition (Londres, Hayward Gallery ; Paris, Grand Palais ; Boston, Museum of Fine Arts), Paris, RMN, 1981.
- MARTIN-FUGIER (Anne), *La Vie d'artiste au XIXe siècle*, Paris, Fayard, 2012.
- PISSARRO (Joachim) et DURAND-RUEL SNOLLAERTS (Claire), *Pissarro : catalogue critique des peintures*, 3 volumes, Paris, Skira/Wildenstein Institute Publications, 2005.
- WHITE (Harrison et Cynthia), *La Carrière des peintres au XIXe siècle*, Paris, Flammarion, 2009.
- YON (Jean-Claude), *Histoire culturelle de la France au XIXe siècle*, Paris, Armand Colin, 2010.

SOURCES ICONOGRAPHIQUES

- COURBET (Gustave), *Un enterrement à Ornans*, 1849-1850, huile sur toile, 315 x 668 cm, Paris, musée d'Orsay. La photo reproduite est réputée libre de droits.
- GAUGUIN (Paul), *Rue Jouvenet à Rouen*, 1884, huile sur toile, 55 x 48,5 cm, collection privée. La photo reproduite est réputée libre de droits.

- Manet (Édouard), *Le Déjeuner sur l'herbe*, 1863, huile sur toile, 207 x 265 cm, Paris, musée d'Orsay. La photo reproduite est réputée libre de droits.
- Monet (Claude), *Impression, Soleil levant*, 1872-1873, huile sur toile, 48 x 63 cm, Paris, musée Marmottan Monet. La photo reproduite est réputée libre de droits.
- Pissarro (Camille), *Autoportrait*, vers 1903, 41 x 33 cm, Londres, Tate Britain. La photo reproduite est réputée libre de droits.
- Pissarro (Camille), *Entrée du village de Voisins*, 1872, huile sur toile, 46 x 55,5 cm, Paris, musée d'Orsay. La photo reproduite est réputée libre de droits.
- Pissarro (Camille), *La Récolte des pommes à Éragny*, 1888, huile sur toile, 60,9 x 73,9 cm, Dallas, Dallas Museum of Art. La photo reproduite est réputée libre de droits.
- Pissarro (Camille), *La Récolte, Pontoise*, 1880, huile sur toile, 46,3 cm x 56,5 cm, collection privée. La photo reproduite est réputée libre de droits.
- Pissarro (Camille), *L'Avant-Port du Havre, matin, marée montante*, 1903, huile sur toile, 54 x 65 cm, Le Havre, MuMa. La photo reproduite est réputée libre de droits.
- Pissarro (Camille), *Le Boulevard Montmartre, printemps*, 1897, huile sur toile, 65 x 81 cm, Jérusalem, musée d'Israël. La photo reproduite est réputée libre de droits.
- Seurat (Georges), *Un dimanche après-midi à l'île de la Grande Jatte*, 1884-1885, huile sur toile, 205 x 305 cm, Chicago, Art Institute. La photo reproduite est réputée libre de droits.

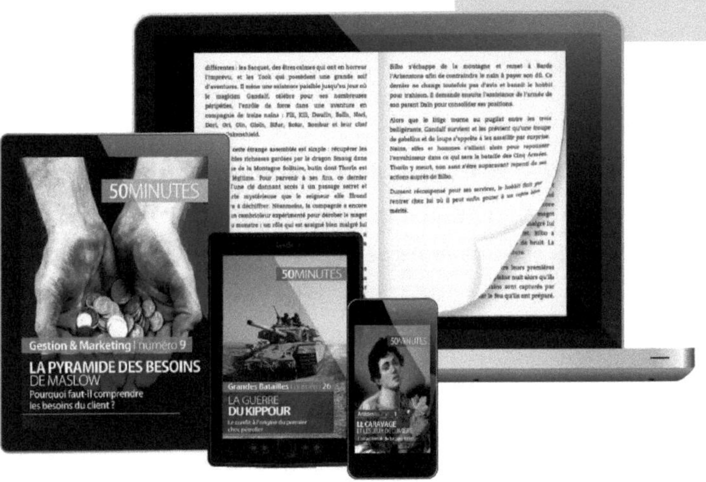

50MINUTES

Art & Littérature

Business & Economics

Histoire & Société

SOYEZ LÀ
OÙ ON NE VOUS ATTEND PAS !

www.50minutes.com

www.50minutes.com

Éditeur responsable : Lemaitre Publishing
Rue Lemaitre 6 | BE-5000 Namur
info@lemaitre-editions.com

ISBN ebook : 978-2-8062-5850-2
ISBN papier : 978-2-8062-5851-9
Dépôt légal : D/2015/12603/10
Photo de couverture : © *Autoportrait* (vers 1903),
par Camille Pissarro.

Conception numérique : Primento,
le partenaire numérique des éditeurs